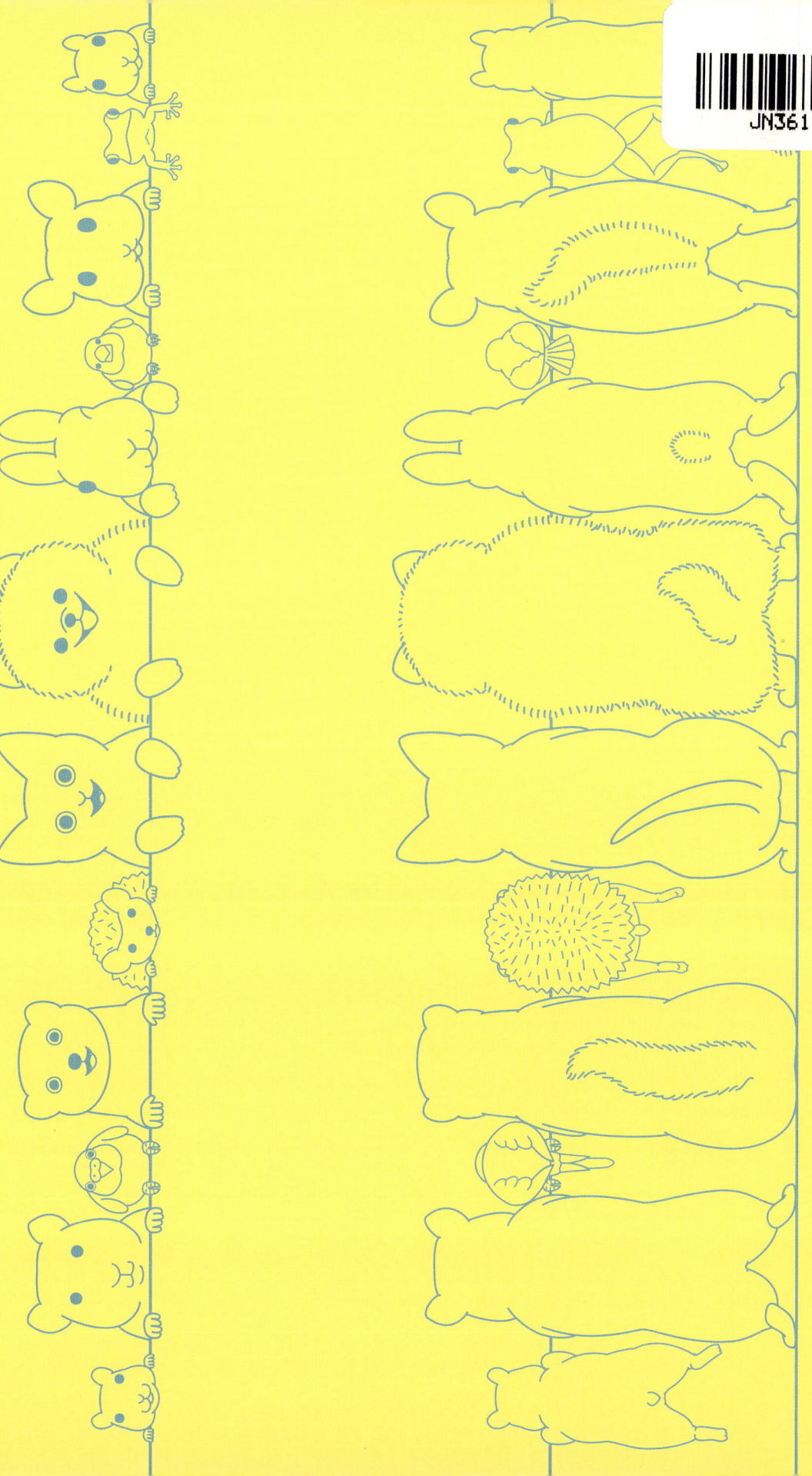

**글쓴이 예영**

글 쓰는 일만큼 동물을 좋아하고, 동물의 권리에 관심이 많습니다. 천방지축 강아지 녀석과 매일 옥신각신하며 좋은 글을 쓰려고 노력하고 있습니다.
지은 책으로 《귀신 쫓는 삽사리 장군이》《닭답게 살 권리 소송 사건》《지구촌 곳곳에 너의 손길이 필요해》《백정의 아들, 엄》《우리 학교가 사라진대요!》 등이 있습니다.

 **그린이 홍미애**

누구나 함께 볼 수 있는 따뜻하고 포근한 그림을 그리려 합니다.
그린 책으로 《고양이는 언제나 봄 : 컬러링북》《하루 하나 만들기 : 공룡》《까꿍! 숨바꼭질》 등이 있습니다. 앞으로도 딸아이와 함께 볼 수 있는 편안한 그림들이 담긴 책을 많이 만들고 싶습니다.

### 반려동물 무엇이든 물어봐!

**초판 1쇄 인쇄** 2021년 2월 20일 ＼**초판 1쇄 발행** 2021년 3월 1일
**글쓴이** 예영 ＼**그린이** 홍미애
**펴낸이** 이영선
**책임편집** 김문정
**편집** 이일규 김선정 김문정 김종훈 이민재 김영아 김연수 이현정 차소영 ＼**디자인** 김회량 이보아
**독자본부** 김일신 김진규 정혜영 박정래 손미경 김동욱
**펴낸곳** 파란자전거 ＼**출판등록** 1999년 9월 17일(제406-2005-000048호)
**주소** 경기도 파주시 광인사길 217(파주출판도시) ＼**전화** (031)955-7470 ＼**팩스** (031)955-7469
**홈페이지** www.paja.co.kr ＼**이메일** booksea21@hanmail.net

ⓒ 예영·홍미애, 2021
ISBN 979-11-88609-59-8 74400
　　　979-11-88609-58-1 (세트)

**파란자전거**는 도서출판 서해문집의 어린이 책 브랜드입니다. 페달을 밟아야 똑바로 나아가는 자전거처럼 파란자전거는 어린이와 청소년이 혼자 힘으로도 바르게 설 수 있도록 도와줍니다.

어린이제품안전특별법에 의한 제품 표시
**제조자명** 파란자전거 ＼**제조년월** 2021년 2월 ＼**제조국** 대한민국 ＼**사용연령** 만 7세 이상 어린이 제품

# 반려동물
# 무엇이든 물어봐!

예영 글 | 홍미애 그림

파란자전거

 **차례**

**체크체크**
나는 반려동물을 키울 자격이 있을까? • 6

사람의 가장 오랜 친구 **개** • 9

도도한 매력덩어리 **고양이** • 17

동글동글 작고 귀엽지만 키우기 까다로운 **햄스터** • 25

무뚝뚝한 애굣덩어리 **토끼** • 29

느릿느릿해서 더 좋은 **거북이** • 33

있는 듯 없는 듯 조용한 **고슴도치** • 37

혼자서도 씩씩한 **다람쥐** • 41

영리한 깔끔쟁이 **미니돼지** • 45

말동무가 되어 주는 **앵무새** • 49

생명의 신비를 느껴 봐 **닭** • 53

온순한 녹색 공룡 **그린이구아나** • 57

빙그레 미소 짓는 꼬마 공룡 **레오파드게코도마뱀** · 61

'뀨잉뀨잉' 감정을 주고받는 **기니피그** · 67

호기심 많은 장난꾸러기 **페럿** · 71

화려하고 아름다운 열대어 **거피** · 75

느릿느릿 꼬물꼬물 **달팽이** · 79

초보자도 문제없는 **장수풍뎅이** · 83

날아다니는 작은 요정 **슈거글라이더** · 87

### 우리는 가족, 반려동물과 함께 살기

1. 애완동물 아니고 반려동물! · 16

2. 우리나라 사람들은 어떤 반려동물을 기를까? · 24

3. 반려동물을 식구로 맞이하는 방법, 뭐가 좋을까? · 56

4. 반려동물등록제란 무엇일까? · 66

5. 외래 동물을 반려동물로 키우면 어떤 문제가 생길까? · 74

6. 반려동물 관련 직업이 있다고? · 90

7. 희귀 반려동물, 멸종위기종일지도 몰라! · 92

# 나는 반려동물을 키울 자격이 있을까? 체크체크

**1** 반려동물을 살아 있는 생명으로 존중해 줄 수 있나요?
반려동물은 재미있게 가지고 노는 장난감이 아니에요. 살아 있는 생명으로 존중하고 한 가족처럼 사랑해 줘야만 해요.
☐ Yes ☐ No

**2** 가족 모두가 반려동물을 키우기로 찬성했나요?
가족 중 한 사람이라도 반대하는 사람이 있다면 문제가 생겨요.
☐ Yes ☐ No

**3** 집에 반려동물이 지낼 공간이 충분한가요?
반려동물도 집 같은 자신만의 공간이 필요해요. 공간이 충분하지 않으면 사람과 동물이 모두 불편해질 수 있어요.
☐ Yes ☐ No

**4** 반려동물 알레르기가 있는 가족이 있나요?
개나 고양이의 털 알레르기가 있다면 털이 없는 반려동물을 생각해 보세요.
☐ Yes ☐ No

**5** 데려올 반려동물에 대해 미리 공부했나요?
반려동물의 습성이나 키우는 방법 등에 대한 지식이 없는 채로 데려오면 제대로 키울 수 없어요. 그리고 키우면서도 늘 공부해야 해요.
☐ Yes ☐ No

## 만약 이 중에 한 가지라도 **No**가 있다면?

반려동물 키우는 걸 다시 고민해 보세요.
말이 안 통하는 동물을 키우는 건 생각보다 훨씬
어렵답니다. 동물을 사랑하는 마음만큼 큰 책임감이
필요하다는 점을 꼭 기억하세요.

**6** 반려동물과 함께할 시간적 여유가 있나요?
반려동물은 오직 자신을 키워 주는 가족만 바라보고 살아요. 혼자 있는 시간이
길어지면 우울증에 걸려 힘들어해요.

☐ Yes ☐ No

**7** 매일매일 반려동물의 밥을 챙기고 똥오줌을 치울 수 있나요?
반려동물에게 밥을 챙겨 주고 똥오줌을 치워 주는 건, 단 하루도 빠짐없이 해야
하는 아주 기본적이면서도 중요한 일이에요.

☐ Yes ☐ No

**8** 반려동물이 아무 데나 똥오줌을 누거나 말썽을 피우면 화를 낼 건가요?
반려동물은 사람이 아니에요. 사람의 입장에서 동물의 행동을 판단하면 안 돼요.

☐ Yes ☐ No

**9** 집을 비울 때 반려동물을 대신 맡아 줄 사람이 주변이 있나요?
반려동물을 며칠씩 빈집에 혼자 두면 위험해요. 멀리 여행을 가거나 사정상 며칠씩
집을 비울 때는 병원이나 주변 사람에게 맡겨 돌봐 줘야 해요.

☐ Yes ☐ No

**10** 반려동물을 키울 때 돈이 많이 든다는 걸 아나요?
먹이나 배변 용품뿐만 아니라 정기적으로 병원에 가서 예방 접종이나 구충제를
먹여야 해요. 또 나이가 많아지면 큰 수술을 할 수도 있어요. 수술비가 많이 든다고
버리는 일은 없어야 해요.

☐ Yes ☐ No

**11** 반려동물이 죽을 때까지 책임지고 키울 준비가 되었나요?
반려동물은 사람의 손길이 닿지 않으면 혼자 살아갈 힘이 없어요. 반려동물이
떠나는 순간까지 늘 보살핀다는 각오가 없다면 키워서는 안 돼요.

☐ Yes ☐ No

🖍 색연필 아이콘을 찾아
예쁘게 색칠해 봐요.

 예쁘게 색칠해 봐요

## 사람의 가장 오랜 친구
# 개

# 강아지

전 세계 사람들이 가장 많이 키우는 반려동물은 뭘까? 그야 물어보나 마나 나지. 바로 개!

나는 사람의 가장 오래된 동물 친구야. 아주 먼 옛날, 사람들이 늑대를 잡아 가축으로 길들이면서 인연이 시작됐거든. 야생에서 살던 늑대는 사람과 함께 살면서 사냥할 필요가 없었어. 사람이 먹이를 주니까. 그러다 보니 긴 주둥이가 짧아지고 뾰족한 턱이 넓어졌어. 또 성글던 이빨이 촘촘해졌지. 성격도 온순해지고, 사람을 잘 따르게 되었어.

난 충성심도 강해서 오직 주인만 바라봐. 주인의 행동 하나하나에 관심을 갖고 바로바로 반응해. 그 모습이 얼마나 사랑스럽고 마음을 따뜻하게 하는지는 키워 본 사람만이 알 수 있어.

하지만 외로움을 많이 타는 성격이야. 혼자 있는 시간이 길면 힘들어해. 어떤 개는 주인과 떨어지면 쉴 새 없이 짖거나 문을 긁고 몸을 핥아 상처를 내는 등 분리불안 증세를 보여. 그래서 집을 자주 비우는 가족은 키우지 않는 게 좋아.

날 키우려면 장점보다 단점을 더 많이 생각해 보고 결정해야 해. 내가 아무 데나 똥오줌을 싸도 불평 없이 치울 수 있는지, 매일 산책시킬 수 있는지, 물건을 물어뜯거나 털갈이를 해도 괜찮은지. 또 나 때문에 여행을 못 해도 참을 수 있는지, 병들면 치료해 줄 수 있는지, 죽는 순간까지 책임질 수 있는지. 그만큼 한 생명을 키우는 건 어려운 일이야. 하지만 동물을 키운다기보다 한 명의 가족을 맞이한다는 각오라면 나, 반려견과의 생활은 행복 그 자체일 거야.

## 어떤 종류의 개를 키우면 좋을까?

반려견을 키우기로 결정했다면 그다음엔 어떤 품종을 키울지 선택해야 해. 그런데 400여 종이나 되기 때문에 그중 하나를 선택하는 게 쉽지는 않아. 이럴 땐 가족이 사는 집의 형태나 크기, 가족의 성향이나 상황에 맞춰서 골라 봐. 먼저 개의 크기(대형견, 중형견, 소형견)를 살펴야 해. 대형견은 활동량이 많고 움직임이 크며 짖는 소리도 커서 아파트 같은 공동 주택에서 키우기 어려워. 마당이 있는 주택에서 키우면 좋지. 공동 주택 생활을 많이 하는 우리나라 사람들은 주로 실내에서 생활하는 소형견을 많이 키워.

개의 크기가 정해지면 상황에 맞는 품종을 선택하면 돼. 털 알레르기가 있는 가족이 있다면 털이 덜 빠지는 품종을, 산책을 자주 시켜 줄 자신이 있다면 활동량이 많은 품종을, 털을 깎아 주는 게 부담된다면 털이 짧은 품종을 선택하는 식이야. 또 대형견의 평균 수명은 10년 정도고, 소형견은 13~15년이니까 반려견과 오래 살고 싶다면 소형견이 좋겠지? 이렇게 여러 가지 경우를 염두에 두고 반려견을 맞이한다면, 사람과 반려견 모두가 행복할 수 있을 거야.

## 반려견에게 절대 먹여서는 안 될 음식들

옛날에는 집에서 키우는 개에게 사람이 먹고 남은 음식을 먹였어. 그때는 지금처럼 반려견 전용 사료가 없었고, 어떤 음식이 개의 몸에 나쁜지 의학적인 정보도 부족했거든. 하지만 요즘은 반려견이 뭘 먹느냐에 따라 건강 상태가 달라지고 수명에 영향을 주기 때문에 많이 신경 써. 특히 반려견에게 주면 안 되는 음식들은 꼭 기억해야 해.

양파, 초콜릿, 포도, 아보카도, 마늘, 마카다미아(견과류의 일종), 과일의 씨 부분, 술 등이 대표적이야. 이런 음식들은 개의 목숨을 앗아 갈 수도 있을 만큼 위험하니까 반드시 피해야 해. 눈에 넣어도 안 아플 만큼 예쁜 반려견의 건강은 보호자에게 달려 있다는 사실을 잊지 마.

## 산책시킬 때 이것만은 꼭!

반려견을 산책시킬 때 반드시 챙겨야 할 게 있어. 바로 목줄이나 가슴줄이야. 개를 잃어버리는 것을 방지하고, 갑자기 지나가는 사람이나 다른 개에게 달려드는 걸 막기 위해 꼭 착용해야 해. 대형견에게는 입마개도 필수야. 몸집이 커서 그냥 보는 것만으로도 사람들에게 두려움을 줄 수 있고, 큰 소리로 짖으면 더욱더 공포를 느끼게 하거든. 갑자기 사람을 공격해 물기라도 하면 크게 다치게 돼. 대형견의 공격으로 사람이 목숨을 잃는 일도 종종 뉴스에 나오잖아? 입마개는 사납거나 사람을 무는 소형견에게도 하는 게 안전해.

만약 반려견을 데리고 외출할 때 목줄 등 안전 조치를 취하지 않아 사람을 사망에 이르게 하거나 다치게 하면 동물보호법 제47조 제3항에 의해 징역 또는 벌금을 내야 해. '우리 개는 절대 사람을 공격하지 않아.'라는 생각만큼 위험한 일이 없다는 사실, 꼭 기억해 둬.

## 개에게 전문 직업이 있다고?

개에게는 사람보다 뛰어난 능력이 많아. 사람이 들을 수 있는 거리의 8배나 되는 먼 거리에서도 소리를 가려낼 수 있고, 며칠이 지난 냄새를 맡을 만큼 후각이 예민해. 또 시력은 나쁘지만 움직이는 것을 발견하는 데 뛰어나고, 달리는 속도도 매우 빨라. 바로 이런 능력을 이용해서 개는 오래전부터 사람을 돕는 일을 해 왔어.

가장 기본적으로는 집을 지켰어. 낯선 사람이 오면 큰 소리로 짖거나 물어서 주인에게 알리는 지킴이 역할을 했지. 또 사람을 도와 사냥을 했고, 양 떼나 소 떼를 지키기도 했어. 대형견의 경우 수레나 썰매를 끄는 운전사의 역할도 했지.

최근에는 보다 전문적인 일을 해. 앞이 잘 보이지 않는 사람에게 길을 안내하는 시각 장애인 안내견, 뛰어난 후각으로 공항 검색대에서 마약을 찾는 마약 탐지견, 범죄 수사에서 범죄와 관련된 물건이나 사람을 찾아내는 과학 탐지견 등 여러 분야에서 사람을 위한 일을 하고 있지. 특히 머리가 좋고 사람을 잘 따르기로 유명한 골든 리트리버가 크게 활약하고 있어.

# 애완동물 아니고 반려동물!

우리는 가족
반려동물과 함께 살기

여러분이 집에서 키우는 개나 고양이 같은 동물은 애완동물일까요? 아니면 반려동물일까요?

사람들은 오랫동안 집에서 기르는 동물을 애완동물이라고 불러 왔어요. 애완동물은 '사람이 즐거움을 얻기 위해 기르는 동물'이라는 뜻이에요. 이 말에는 동물을 하나의 생명체로 존중하기보다는 사람을 즐겁게 해 주는 장난감처럼 대한다는 뜻이 담겨 있어요.

그래서 요즘은 반려동물이라는 말을 더 많이 사용해요. 반려동물은 '사람과 더불어 살아가는 동물'이라는 뜻이에요. 동물을 한 가족처럼 마음을 나누는 소중한 존재로 여기며 평생 함께하겠다는 의미에서 나온 말이랍니다. 가족 수가 점점 줄어들면서 동물은 사람을 대신해서 즐거움과 위안을 주는 등 그 역할이 더욱 더 커지고 있어요.

키우는 동물을 애완동물로 부르느냐, 반려동물로 부르느냐는 크게 중요하지 않을 수 있어요. 그보다는 자신이 키우는 동물을 장난감처럼 대하는지, 가족처럼 대하는지가 더 중요하겠지요. 여러분이 키우는 동물은 어느 쪽을 원할까요?

도도한 매력덩어리
# 고양이

고양이

도도하다, 독립적이다, 깔끔하다, 차분하다, 귀엽다, 새침하다. 어떤 반려동물을 말하는 걸까?

바로 나, 고양이야. 개와 함께 사람들이 가장 많이 키우는 반려동물의 대명사! 내가 사람과 함께한 지도 꽤 오래되었어. 5,000여 년 전, 고대 이집트 사람들이 쥐를 잡기 위해 고양이를 키우면서 반려동물의 역사가 시작되었지. 이후 고양이는 아이를 많이 낳는 '다산'과 '풍요로움'을 상징하는 동물로 받들어졌어. 대체 고양이가 이토록 오랜 세월 반려동물로 사랑받은 이유는 뭘까?

첫째, 볼수록 매력이 넘치는 생김새 때문이야. 새끼 때는 깨물어 주고 싶을 만큼 귀엽고 사랑스럽다가 점점 자라면서 도도함이 넘쳐흘러. 그 모습이 품위 있는 귀족 같다고 할까.

둘째, 독립적인 모습 때문일 거야. 주인을 귀찮게 하지 않고 혼자서 시간을 보내는 모습이 꽤나 멋져 보이지.

셋째, 깔끔쟁이라는 거야. 털을 고르며 세수하는 그루밍을 하기 때문에 따로 목욕시킬 필요가 없고, 조금만 훈련하면 고양이 전용 화장실에 들어가 똥오줌을 눌 정도로 깔끔해.

넷째, 뛰어다녀도 발소리가 전혀 안 나. 발바닥이 쿠션처럼 두툼하고 발톱이 바닥에 닿지 않아서 조용하지. 공동 주택에서 키워도 이웃에게 피해를 줄 걱정이 없어.

다섯째, 평균 수명이 10~15년이라 함께할 수 있는 시간이 길다는 것도 장점이야.

이렇게 장점이 많은 나, 고양이. 가족처럼 생각하는 책임감만 있다면 나와의 생활은 즐거울 거야.

## 털 알레르기와 독한 냄새에 주의해!

고양이를 키울 때 고민해야 할 점이 몇 가지 있어. 우선 고양이 털 알레르기가 있는 가족이 있는지 확인해야 해. 키우고 싶은 마음에 '알레르기쯤~' 하고 무시하다가 고양이를 버리는 경우도 많거든. 수시로 털이 빠져서 청소에도 신경 써야 하고, 자칫 소홀히 하면 구석구석에서 털 뭉치를 발견하게 될 거야. 매일 빗질을 해 주지 않으면 털이 뭉친다는 것도 잊지 마.

배설물 냄새가 심하다는 단점도 있어. 특히 짝짓기 시기(발정기)가 오면 아무 데나 오줌을 뿌리는데, 이 냄새가 어마어마해. 또 시끄럽게 울어서 주변에 피해를 줄 수도 있고, 번식력도 대단해서 중성화 수술도 필요하단다.

## 그루밍이란 뭘까?

고양이는 물을 싫어하기로 유명해. 물을 싫어하니 당연히 목욕도 싫어하겠지? 다행히 고양이는 목욕을 시키지 않아도 괜찮아. 수시로 '그루밍'을 하기 때문이야. 그루밍은 혀로 몸을 핥아서 몸을 깨끗하게 하는 거야. 까슬까슬한 가시 돌기가 있는 혀로 먼지가 묻거나 더러워진 부위를 닦아서 냄새를 없애. 또 뭉쳐 있는 털을 핥아 털 결도 가지런히 정리하지. 하지만 털이 긴 품종은 그루밍으로 깨끗이 닦기가 어려워서 1년에 한두 번 정도 목욕을 시켜 주는 게 좋아. 집에서 씻기기가 힘들다면 미용사에게 맡기는 것도 좋은 방법이야.

## 고양이는 왜 똥오줌을 눈 뒤에 모래를 덮을까?

고양이는 똥오줌을 누고 나면 반드시 모래를 덮어서 흔적을 숨겨. 이건 야생에서 자신의 존재를 숨기려는 본능이 남아 있어서야. 고양이의 배설물은 유난히 냄새가 심해서 적에게 들키기 쉽거든. 고양이가 그루밍을 해서 몸을 깨끗하게 하는 것도 냄새를 없애서 자신의 위치를 숨기기 위해서야.

## 고양이를 개와 함께 키워도 될까?

예부터 고양이와 개는 앙숙 관계라고들 했어. 만나기만 하면 싸워서 한집에 절대 키워선 안 된다고도 하지. 사실 둘 사이가 나쁜 건 행동하는 신호가 정반대여서 그래. 예를 들어 고양이는 화가 났을 때 꼬리를 흔드는데, 개는 기분이 좋을 때 꼬리를 흔들거든. 이러니 서로 부딪힐 수밖에 없겠지.

하지만 생활하는 공간만 나눠 준다면 개와 고양이가 한집에 사는 건 가능해. 개는 바닥에서 생활하니까 바닥에 집을 마련해 주고, 높은 곳에 잘 올라 다니는 고양이에겐 타워 형태의 높은 집을 마련해 주는 거야. 그럼 개가 달려들어도 고양이가 쉽게 피할 수 있겠지? 그래도 둘 사이가 좋지 않아 싸운다면 각각 다른 방에 떨어뜨려 놓는 게 좋아.

## 개와 고양이는 어떤 점이 다를까?

개와 고양이는 사람들에게 사랑받는 대표적인 반려동물이지만, 주인을 대하는 자세가 극과 극으로 달라. 개는 오직 주인만 바라보며 충성해. 훈련도 잘 따르는 편이고, 주인과 함께하는 시간을 가장 즐거워하지. 반면 고양이는 함께 사는 사람을 절대 주인으로 생각하지 않아. 주인에게 애교를 부려서 잘 보인다든가 복종할 마음이 전혀 없어. 자기가 예쁨받고 싶을 때 다가와서 냥냥거리며 비비적대다가 아무 일 없었다는 듯 자기 자리로 가 버려. 주인을 배고플 때 밥 챙겨 주고, 냄새나는 배설물 치워 주고, 심심할 때 놀아 주는 사람 정도로 생각해. 그래서 고양이 키우는 사람을 '고양이 집사'라고 불러. 집사는 주인 가까이 있으면서 그 집의 일을 맡아보는 사람이야.

## 길고양이도 동물답게 살 권리가 있다!

반려동물을 빼고 우리가 도시에서 가장 흔하게 만나는 동물은 길고양이야. 사람에게 버려지거나 거리에서 태어나 살아가는 고양이들이지.

길고양이는 번식력이 강해서 그 수가 쉽게 줄어들지 않고 있어. 그만큼 여러 가지 문제를 일으키기도 해. 곳곳에 고양이 배설물이 쌓이고, 음식물 쓰레기를 뒤져서 거리를 지저분하게 하고, 짝짓기 때의 울음소리는 눈살을 찌푸리게 하지. 자동차 밑에 숨어 있는 경우가 많아 사고도 잘 나고.

하지만 그렇다고 해서 길고양이를 문젯거리로 취급한다거나 학대해서는 안 돼. 길고양이도 당연히 동물답게 살 권리가 있고 보호받아야 하거든. 길고양이를 생기게 한 원인 중의 하나가 사람이기도 하니까 우리에게도 책임이 있어.

다행히 고양이를 좋아하는 사람들이나 단체에서 길고양이 문제를 해결하기 위해 노력하고 있어. 번식을 줄이기 위해 중성화 수술을 시키고, 고양이 급식소를 만들어 지속적으로 먹이를 줘. 겨울에는 얼어 죽지 않도록 집도 만들어 주지. 또 2017년 개정된 동물보호법에 따라 동물을 학대할 경우 2년 이하의 징역을 살거나 2천만 원 이하의 벌금을 내게 하고 있어.

# 우리나라 사람들은 어떤 반려동물을 기를까?

우리는 가족
반려동물과 함께 살기

우리나라에서 반려동물을 기르는 가구는 전체 가구의 27.9%라고 해요. 네 가구당 한 가구가 반려동물을 기르는 셈이지요. 그럼 사람들이 주로 기르는 반려동물에는 어떤 종류가 있을까요? 조사에 따르면 개와 고양이를 기르는 비율이 압도적으로 많아요. 또 좋아하는 반려동물의 종류도 개와 고양이가 차지하는 비율이 높답니다. 개와 고양이는 오랜 세월 반려동물로 길러지며 사람과 아주 친숙해요. 또한 다른 동물에 비해 공격성이 적고 사랑스러워서 반려동물로 인기가 높아요. 이건 다른 나라에서도 마찬가지인데, 중국에서는 특이하게도 물고기를 많이 기른다고 해요.

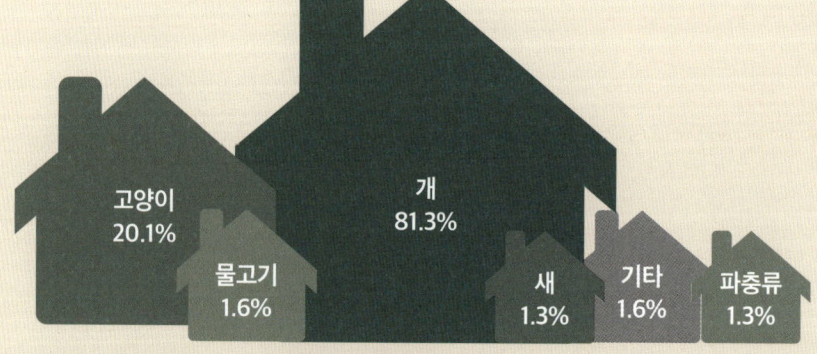

**우리나라 사람들이 기르는 반려동물의 비율**
2018년 문화체육관광부와 농촌진흥청 통계

고양이 20.1%
개 81.3%
물고기 1.6%
새 1.3%
기타 1.6%
파충류 1.3%

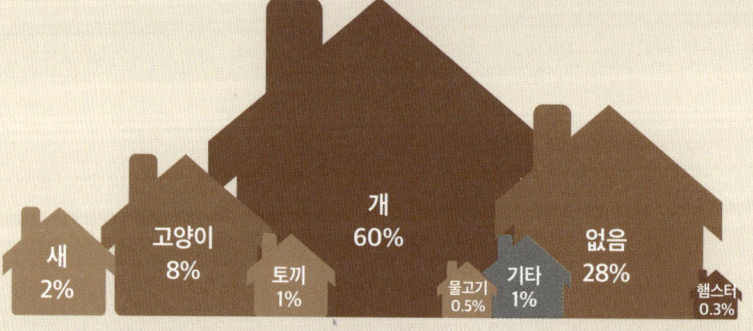

**우리나라 사람들이 좋아하는 반려동물의 종류**
2019년 한국갤럽 통계

새 2%
고양이 8%
토끼 1%
개 60%
물고기 0.5%
기타 1%
없음 28%
햄스터 0.3%

동글동글 작고 귀엽지만
키우기 까다로운
# 햄스터

# 햄스터

귀여움은 최고!
번식력은 짱!
먹성은 으뜸!
이런 동물을 찾는다면?

복슬복슬한 털, 손바닥 위에 올라갈 만큼 작고 동글동글한 몸, 풍선처럼 늘어나는 볼주머니에 먹이를 가득 채우고 작은 입을 오물거리는 나는 햄스터! 작고 깜찍해서 누구나 한 번쯤 키워 보고 싶다는 생각을 했을 거야.

나는 1930년에 서아시아의 시리아에서 처음 발견되어 길들여지면서 반려동물이 되었어. '햄스터'는 독일어로 '저장하다'는 뜻인데, 먹이를 모아서 숨겨 놓는 습성 때문에 붙여진 이름이야.

내 자랑 같지만 나는 반려동물로 기르기에 장점이 참 많아. 털이 안 날리고, 목욕을 안 시켜도 냄새가 거의 나지 않고, 조용하거든. 그렇다고 키우기가 쉽진 않아. 덩치가 작은 만큼 예민하고 약해.

내 평균 수명은 2~3년밖에 안 돼. 나와 오랫동안 건강하게 함께하고 싶다면 습성을 잘 파악해서 키워야 해.

난 낮에는 굴처럼 어두운 곳에서 자고 밤에는 활발하게 돌아다니는 습성을 가졌어. 그래서 낮 동안 편안히 잘 수 있게 내가 지내는 공간을 어둡고 조용하게 해 주는 게 좋아. 내 집에 이불을 덮어 두는 것도 좋은 방법이지. 참, 자는 모습이 귀엽다고 만지면 스트레스를 받아 물거나 죽을 수도 있으니 주의해야 해.

다른 반려동물과 마찬가지로 집을 자주 청소해 주고 깨끗한 물과 먹이를 제때 챙겨 주는 건 기본이자 의무겠지?

## 이것만은 꼭 기억해 줘!

햄스터는 반드시 한 마리씩만 기르는 것이 중요해. 혼자 있는 걸 좋아해서 좁은 공간에 여러 마리가 함께 있으면 영역 다툼을 벌이거든. 죽이거나 잡아먹기도 할 정도로 치열하지. 암수를 같이 있게 해서도 안 돼. 사람들이 가장 흔하게 키우는 골든 햄스터의 경우 2주마다 새끼를 낳기 때문에 감당하기가 힘들 거야. 온도와 습도도 반드시 신경 써 줘야 할 부분이고.

햄스터는 사막이 고향이라 겨울에 날씨가 추워지면 겨울잠에 들어 죽을 수도 있어. 겨울잠에 빠지지 않게 항상 온도를 따뜻하게 유지해 줘야 해. 여름에는 에어컨으로 시원하게 해 주고, 습도가 높아지지 않도록 주의해야 해. 또 이빨이 계속 자라니까 단단한 음식이나 이갈이 비누를 줘서 갈아 낼 수 있게 하고, 집 안에 운동할 수 있는 쳇바퀴를 넣어 줘. 가끔 집에서 꺼내 방 안을 돌아다니게 하면 엄청 신나 할 거야. 다만, 잠시 한눈팔면 사라질 수 있으니까 방문 닫아 두는 것도 잊지 말고. 혹시 사라졌다면 어둡고 작은 틈을 찾아봐.

# 무뚝뚝한 애굣덩어리
# 토끼

깨물어 주고 싶게
귀여우면서
몸에서 냄새도 안 나고
조용조용 얌전한
반려동물은?

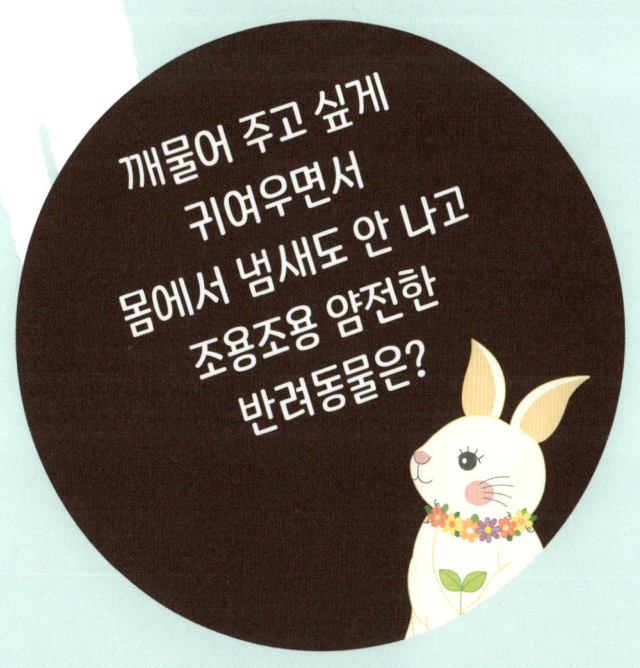

바로 나 토끼야. 귀여운 동물로 둘째가라면 서럽지. 게다가 똥오줌도 잘 가려. 무뚝뚝하지만 가끔 인심 쓰듯 보여 주는 애교는 가족을 심쿵하게 만들지.

나는 주로 마른풀인 건초를 먹어. 그래야 이갈이를 해서 이가 계속 자라는 걸 막을 수 있거든. 간식으로 채소나 과일을 조금씩 주고 신선한 물을 챙겨 주면 오케이! 잘 관리해 주면 평균 수명 8~12년보다 훨씬 오래 살 수도 있어.

그런데 고백할 게 있어. 난 귀엽지만 예민하고 경계심이 많아서 친해지는 데 한참 걸려. 계절이 바뀔 때마다 털도 많이 빠지고, 뭐든 갉아 먹는 습성 때문에 전선이나 물건이 남아나질 않아. 갇혀 있으면 스트레스를 받으니 종종 풀밭으로 나가 뛰어놀게 해 줘야 해. 번식률이 높은 것도 그리 반갑지 않을 거야. 1년 내내 번식을 하고, 한번에 4~12마리씩의 새끼를 낳아서 식구가 눈 깜짝할 새에 불어나. 번식을 원하지 않으면 암컷과 수컷을 같이 기르면 안 돼. 암컷끼리, 수컷끼리 여러 마리를 같이 기르는 것도 안 좋아. 서열 다툼을 벌여 크게 다치니까 공간을 나눠 한 마리씩 기르는 게 가장 좋아. 더위에도 약한 편이라 여름철에 열사병에 걸리기 쉬워. 날 데려오려면 품종에 따라 어떻게 길러야 하는지 미리 공부해 둬. 집 주변에 토끼를 치료할 수 있는 병원이 있는지도 알아 두고. 스트레스를 받으면 물건을 닥치는 대로 갉아 대니까 장난감도 넉넉히 준비하면 좋겠지?

## '빙키'라고 들어 봤니?

토끼는 갑자기 빠른 속도로 마구 달리면서 발차기를 하거나 높이 점프하며 머리를 흔들 때가 있어. 이걸 '빙키'라고 하는데, 아주 기분이 좋을 때 하는 행동이야. 기분 좋은 토끼처럼 하늘 높이 뛰어 볼래?

## 산책할 땐 풀을 조심해!

토끼를 데리고 산책을 나갔을 때는 풀을 먹지 않도록 잘 살펴봐야 해. 독초를 먹으면 큰일 나거든. 또 주변이나 공원 등에 주기적으로 약을 뿌리기 때문에 풀에 살충제나 농약이 묻어 있을 수 있어. 이런 풀을 먹으면 토끼에게 위험하니 조심해야 해.

## 제발 귀는 잡아당기지 마!

토끼의 귀는 무척 약해서 손으로 잡아당긴다거나 들어 올리면 아파해. 토끼를 안을 때는 앞다리 아래쪽에 손을 넣어 들고, 뒷다리가 흔들리지 않게 손으로 받쳐 줘.

## 자기 똥을 먹는다고?

토끼는 자기가 싼 똥을 먹는 경우가 종종 있어. 놀라지도 말고 더럽다고도 생각하지 마. 토끼는 보통 동글동글하고 딱딱한 똥을 싸지만 가끔 묽은 똥도 싸. 묽은 똥에는 소화되지 못한 영양분이 섞여 있어서 다시 먹는 거야.

느릿느릿해서 더 좋은
# 거북이

오래오래 살면서 조용하고, 관리하기도 편한 반려동물을 찾는다고?

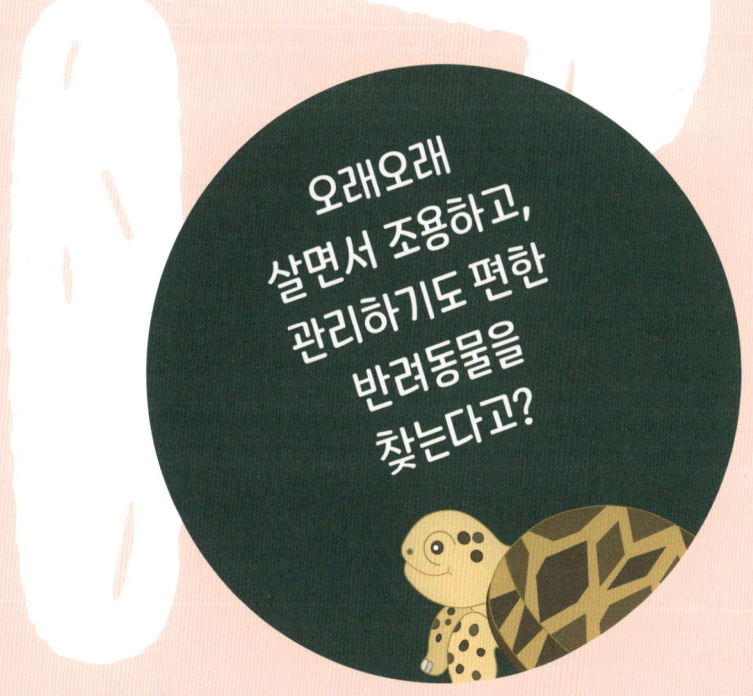

원하는 조건에 딱 맞는 반려동물인 나, 거북이가 있단다. 거북이는 장수를 상징할 만큼 오래 살아. 세계에서 가장 큰 거북이로 유명한 갈라파고스땅거북의 평균 수명은 무려 180~200년이야. 반려용으로 많이 키우는 소형 거북이도 평균 30~50년을 사니까 평생 친구가 될 수 있어.

나는 개나 고양이처럼 놀아 달라고 보채지 않아. 아주 조용하고 얌전해서 공동 주택에서 키워도 전혀 걱정이 없어. 그렇다고 아무 반응이 없는 건 아냐. 말을 걸면 빤히 쳐다보기도 하고, 배고프면 먹이를 달라고 엉금엉금 기어가기도 해.

거북이를 처음 키운다면 느릿느릿한 움직임에 좀 답답할 수도 있어. 그러나 차츰 시간이 지나면서 그 느릿느릿함이 보는 사람의 마음을 차분하고 평화롭게 해 준다는 걸 느낄 거야.

관리하기도 그리 어렵지 않아. 반려용으로 개량된 거북이는 비교적 좁은 공간에도 잘 적응하고, 계절이나 기후에도 크게 영향받지 않거든. 수조의 물을 깨끗하게 해 주고 적당한 온도와 습도만 유지해 주면 돼. 단, 하루에 30분~1시간 정도 햇빛을 쐬게 하거나 램프를 켜 줘. 일광욕을 하지 않으면 몸속에 비타민이 생기지 않고, 등딱지가 물러서 움푹 파이며 다리가 휘게 돼.

사람을 공격하지 않고 온순해서 어린아이가 있어도 걱정 없이 키울 수 있어. 다른 동물에 비해 튼튼하다는 것도 자랑거리야. 긴 수명만큼 오래오래 함께 사는 것! 그게 내 최고의 바람인 거 알지?

## 반려 거북을 고를 땐 신중하고 또 신중하게!

반려동물로 키울 거북이를 고를 땐 신중하게 고민해야 해. 단지 눈에 띄는 겉모습만 보고 마음에 드는 거북이를 선택하면 안 돼. 함께 살 집 환경에 맞춰서 땅에서 사는 육지 거북을 키울지, 물속에서 사는 수생 거북을 키울지, 땅과 물을 오가며 사는 반수생 거북을 키울지 결정해야 해. 또 거북이가 다 자랐을 때 크기가 얼마나 될지, 먹이는 쉽게 구할 수 있는지, 평생 실내에서 키워도 되는 품종인지, 병이 나면 치료를 하러 찾아갈 병원이 있는지 꼼꼼히 따져 봐야 해.

##  반려 거북, 이것만은 주의!

거북이를 키울 때 주의할 것도 있어. 우선 함부로 만지지 말라는 거야. 갑자기 사람의 손길이 닿으면 스트레스를 받거든. 거북이를 잡을 때는 꼭 위에서 등딱지를 쥐고 바닥에 떨어뜨리지 않도록 조심해야 해. 바닥에 부딪혀 몸속 내장을 다치면 큰일이니까.

또 거북이 몸이 뒤집혀서 버둥거릴 땐 도와줘야 해. 혼자 일어나기 힘들거든. 만약 못 본 척 그대로 두면 몸을 뒤집지 못해 죽을 수도 있어. 수조 밖에 꺼내 놨을 땐 잃어버리지 않도록 잘 지켜보는 것도 잊지 마.

거북이는 표현을 잘 안 하는 성격이기는 하지만, 몸 상태를 짐작할 수 있는 행동이 있어. 자꾸자꾸 껍질 속으로 몸을 숨길 때는 몸이 안 좋다는 신호야. 그럴 땐 주의 깊게 살펴보고 병원에 데려가야 해.

## 있는 듯 없는 듯 조용한
# 고슴도치

앙증맞고
귀여우면서 조용하고
털도 안 빠지는 반려동물을
키우고 싶다고?

나, 고슴도치를 적극 추천해. 밤송이처럼 가시로 뒤덮인 작은 몸, 똘망똘망 반짝이는 두 눈, 매끈한 작은 코, 짧아서 버둥거리는 네 개의 작은 다리와 짧은 꼬리. 너무 귀여워서 안 키우고는 못 배길 거야.

등과 옆구리에 뾰족뾰족한 가시가 잔뜩 돋아 있어서 찌르면 어쩌냐고? 걱정 마. 함께 사는 사람한테까지 가시를 세우지는 않으니까. 내가 가시를 세우는 건 위험한 상황이 닥쳤을 때나 누군가 날 갑자기 만지려고 할 때야. 나를 보호하기 위해 몸을 공처럼 말고 가시를 세우는 거지. 처음에는 낯설어서 가시를 세우지만 가족들 냄새와 손길에 익숙해지면 절대 그러지 않아. 내가 시력이 나빠 잘 안 보여도 청각과 후각이 발달해서 같이 사는 사람은 금방 알거든.

나는 야행성이라 낮에는 종일 자고 밤에 일어나서 활동해. 하지만 한밤중에 돌아다니며 시끄럽게 하는 일은 절대 없어.

거의 소리도 내지 않고 내 공간 안에서 혼자 잘 놀아. 혼자 생활하는 습성이 있어서 외로움도 안 타. 다른 고슴도치랑 같이 키우면 오히려 스트레스를 받을 거야.

먹는 것도 잡식성이라 크게 걱정할 것 없어. 고슴도치 전용 사료를 주로 먹고, 과일이나 채소, 밀웜(애벌레) 같은 간식을 조금씩만 주면 돼. 굴 파는 걸 좋아하니까 집 바닥에 톱밥이나 두툼한 천을 깔아 주면 너무너무 신날 거야. 물론 산책도 필요 없어.

정말 키우기 쉽겠지?

## 너의 냄새를 기억할게, 안팅

고슴도치는 가끔 이상한 행동을 해. 입안에서 거품을 만들어 몸과 가시에 묻히지. 이것을 '안팅'이라고 해. 특히 낯선 사람이 고슴도치를 손에 올려놓을 때 이런 행동을 해. 안팅을 왜 하는지는 정확하지 않지만, 낯선 냄새가 나는 사람이나 물건을 접했을 때 그 냄새를 기억해 두려는 행동이라는 의견이 많아. 그러니 고슴도치가 안팅을 할 때는 소리를 지르거나 움직이지 말고, 가만히 낯선 냄새를 기억하도록 내버려 두면 돼.

## 까다롭진 않아도 주의할 점이 있어!

고슴도치는 추위를 많이 타니까 실내 온도를 따뜻하게 해 줘야 해. 겨울에 겨울잠을 자려고 하면 깨워 주는 것도 잊지 마. 야생에서는 가을에 먹이를 많이 먹고 겨울잠을 자지만, 반려 고슴도치는 겨울잠을 자기 위한 준비를 하지 않기 때문에 겨울잠을 자면 죽을 수도 있어. 한 달에 두세 번 정도 목욕시켜 줘. 목욕을 아주 좋아하거든. 그리고 안 씻으면 피부병이 생길 수도 있어. 가시를 어떻게 닦아 주냐고? 전혀 어렵지 않아. 칫솔 같은 빳빳한 솔에 강아지용 샴푸를 묻혀 살살 닦아 주면 돼.

## 혼자서도 씩씩한
# 다람쥐

혼자 있어도
외로워하지 않고
잘 지내는
반려동물은?

바로 나, 다람쥐야. 모든 반려동물이 그렇지만 나를 집에서 키우려면 습성을 잘 알아야 해. 먼저 다람쥐는 무리 지어 사는 동물이 아니야. 혼자 생활하는 동물이라서 집에서 키울 때도 한 마리만 키워야 해. 외로움을 타지 않을까 하는 걱정은 뚝!

난 밤에 자고 낮에 활동하는 주행성이야. 밤에는 불을 꺼 주거나 집을 천으로 덮어 어둡게 해 줘야 편안하게 잘 수 있어. 자는 모습이 예쁘다고 만지면 스트레스를 받겠지?
난 거의 대부분의 시간을 집에서 보내. 그러니 집을 특별히 신경 써서 꾸며 줘. 운동량이 많으니까 가능하면 천장이 높을수록 좋아. 집 안에는 먹이를 감출 수 있는 공간과 몸을 숨길 수 있는 공간을 만들어 주고, 쳇바퀴를 넣어서 놀 수 있게 해 줘. 어쩌면 쳇바퀴를 돌리는 나보다 그걸 지켜보는 사람이 더 즐거울지도 몰라. 집 안에 나무토막이나 나뭇가지를 비스듬히 놓아 건널 수 있게 해 줘. 왔다 갔다 하거나 갉으면서 발톱과 이빨이 자라는 걸 막을 수 있단다.
먹이는 곡류를 주로 먹고, 채소와 삶은 달걀 같은 동물성 단백질을 곁들여 주면 건강하게 잘 자랄 거야.

## 반려동물 겨울잠, 조심해야 해!

다람쥐뿐만 아니라 햄스터나 고슴도치와 같이 겨울잠을 자는 습성이 있는 동물을 반려동물로 키울 때는 조심해야 해. 야생 다람쥐는 날씨가 추워지면 겨울잠에 들지만, 반려용 다람쥐는 겨울잠을 자면 죽을 수도 있어. 왜냐하면 자연에서 겨울잠을 자는 동물들은 그 전에 겨울잠을 자는 동안 영양분 섭취를 하지 않아도 되도록 먹이를 많이 먹게 돼. 하지만 사람과 함께 사는 반려동물은 그렇지 않잖아? 그러다 보니 온도가 떨어져서 추위를 느끼게 되면 준비도 없이 그냥 겨울잠에 들게 되고, 그럼 배가 고파서 죽을 수도 있어. 그러니까 실내 온도를 18도 아래도 떨어지지 않게 늘 신경 써야 해.

또 다람쥐를 기를 때 조심해야 할 것이 있어. 꼬리가 귀엽고 탐스럽다고 세게 잡아당겨서도 안 돼. 야생 다람쥐는 적에게 꼬리를 잡히면 도망가기 쉽도록 꼬리가 잘 끊어지거든. 한번 끊어진 꼬리는 다시 자라지 않으니까 호기심에 잡아당겨 보는 건 절대 안 돼!

영리한 깔끔쟁이
# 미니돼지

미니돼지

더럽고
지저분하다고?
천만의 말씀!

돼지 하면 어떤 생각이 떠오르니? 고기를 얻기 위해 기르는 동물, 크고 뚱뚱하다, 더럽고 지저분하다, 멍청하다, 먹보다. 그래서 반려동물로는 도저히 키울 수 없다고 생각하는 친구들이 많겠지? 하지만 나 미니돼지를 보면 그런 생각이 싹 바뀔 거야!

다 자란 일반 돼지의 몸무게는 150~200kg 정도지만, 나는 몸집이 작아. 다 자라도 30~50kg 정도밖에 안 나가. 주인도 잘 따르고 애교도 많아. 내가 꿀꿀거리며 졸졸 쫓아다니면 귀여워서 어쩔 줄 모를걸? 무엇보다 최고의 장점은 음식을 안 가리고 잘 먹는다는 점. 흐흐, 내가 그래서 돼지인가?

단점이라면 적게 먹어도 지방이 잘 축적되어 살이 쉽게 찐다는 거야. 그러니 내가 정말 돼지가 되지 않도록 먹이 조절을 부탁해. 호기심이 많고 지루한 걸 못 참아서 가끔 사고를 치긴 하지만 산책을 자주 시켜 주면 문제없어.

내가 주둥이로 땅을 파거나 여기저기 헤집어 놓아도 이해해 줘. 타고난 습성이라 어쩔 수 없어. 진흙에 몸을 뒹굴어도 혼내지 마. 몸의 온도를 조절하려는 거니까. 난 땀을 흘려서 체온을 조절할 수 없거든. 평균 수명도 긴 편이야. 짧게는 12년에서 길게는 20년이 넘게도 살아. 이만하면 반려동물로 기르기 괜찮지 않니?

## 돼지에 관한 오해와 진실

**돼지는 더럽고 지저분하다!**

돼지는 사람들이 생각하는 것과 달리 엄청난 깔끔쟁이야. 잠자는 장소와 똥오줌을 누는 장소를 정확히 구분하거든. 강아지보다 똥오줌을 더 잘 가려서 깜짝 놀란다는 사람들이 많아. 게다가 땀샘이 없어서 냄새도 안 나고 털도 안 빠져. 실내에서 키우기 딱이지.

**돼지는 멍청하다!**

돼지는 개나 원숭이보다도 지능이 높아. 훈련만 시키면 뭐든 빨리 배우고 한번 배운 건 절대 까먹지 않지. '앉아', '일어서', '돌아', '손' 같은 명령을 이해하는 건 누워서 떡 먹기라고 해. 또 똥오줌 누는 장소에 밥그릇을 놓아두면 똥오줌 누는 장소를 옮길 정도로 영리해.

# 앵무새

말동무가 되어 주는
**앵무새**

반려동물이 사람처럼 말을 할 줄 안다면 어떨까?

나, 앵무새를 키우면 상상이 현실이 돼. 나는 사람의 말뿐만 아니라 개 짖는 소리까지 그대로 흉내 낼 수 있거든. '다른 동물은 절대 흉내 낼 수 없는 사람의 말을 하며 말동무가 되어 주는 새!' 이게 바로 새 중에서 내가 특별히 사람들한테 인기가 많은 이유야.

내가 사람처럼 말할 수 있는 비결이 뭔 줄 아니? 첫째는 사람의 말을 듣고 기억할 수 있는 똑똑한 머리야. 아이큐가 80이 넘고 4~5세 정도 아이의 지능을 갖고 있으니 간단한 말 정도는 충분히 알아듣지. 둘째는 혀가 사람의 혀와 비슷하게 생겼어. 보통 새의 혀는 길어서 잘 움직이지 못해. 그러나 내 혀는 사람의 혀처럼 두툼하고 유연해서 복잡하고 어려운 소리를 내는 게 가능하지.

내 인기의 비결이 말을 하는 것뿐이라고 생각하면 곤란해. 난 아주 화려하고 다양한 색상의 깃털을 가지고 있어서 눈으로 보는 즐거움이 크단다. 주로 새장에서 생활하니까 집 안을 어지럽히지도 않아. 훈련만 잘 시키면 똥오줌도 정해진 곳에만 눠. 목욕을 즐기고, 냄새도 거의 나지 않아. 무엇보다도 사람을 잘 따르고 애정 표현을 잘하지. 아 참! 이것도 기억해 둬야겠구나. 비밀이 많은 사람은 날 키우면 안 돼. 사방팔방 떠들고 다닐지도 모르니까~

## 앵무새는 외로워~

애정 표현도 잘하고 사람을 좋아하는 만큼 앵무새는 외로움을 많이 타고 예민해. 원래 무리 생활을 하는 동물이거든. 혼자 오래 놔두면 스트레스를 받아서 깃털을 쪼거나 뽑고 스스로를 괴롭히기도 해. 그래서 가능하면 같은 품종으로 두 마리를 함께 키우는 걸 추천해. 작은 소리에도 민감하게 반응하는 편이니까 앞에서 큰 소리를 낸다든가 떠들지 않는 게 좋아.

앵무새의 수명이 길다는 것도 신중하게 고민해야 할 점이야. 중대형 앵무새의 경우 30년이 넘게도 살아. 반려동물과 오래 함께 사는 건 좋지만, 그만큼 오랫동안 돌봐야 하는 부담도 있거든. 그러나 새장의 온도를 알맞게 맞춰 주고, 자주 환기시켜 주고, 주기적으로 청소해 주는 등 몇 가지만 주의한다면 키우기에 그리 까다롭지 않아.

생명의 신비를 느껴 봐
## 닭

# 배엉아리야

3,000~4,000년 전부터 사람이 길러 왔고 수명이 20년이 넘는 조류가 있다고?

## 반려 닭 기르기 이런 점이 최고!

**첫째** **관리가 쉽고 비용이 적게 들어.** 닭장을 마련해 주고 먹을 것과 물만 잘 주면 알아서 잘 자라는 편이야. 산책시켜 달라고 조르지도 않고, 놀아 달라고 보채는 일도 없어. 단 닭장에는 모이통, 물통, 닭이 날아 올라가 쉴 수 있는 횃대(공중에 매달아 놓은 긴 막대), 알을 낳을 수 있는 산란실, 온도를 조절할 수 있는 난방기를 마련해 줘. 배설물이 묻지 않도록 바닥에 짚이나 모래를 푹신하게 깔아 주면 아주 좋아.

**둘째** **생명의 순환을 생생하게 관찰할 수 있어.** 털이 보송보송한 노란 병아리가 닭으로 성장해서 알을 낳고, 그 알에서 병아리가 부화해서 다시 닭이 되는 과정을 볼 수 있어. 생명이 얼마나 신비롭고 감동스러운지 느끼게 될 거야.

**셋째** **신선하고 영양가 풍부한 달걀을 얻을 수 있어.** 마당에서 풀어 키우는 닭이 낳은 알은 영양소가 풍부해서 노른자가 무척 선명해.

**넷째** **엄마를 기쁘게 해 드릴 수 있어.** 냄새나는 음식물 쓰레기를 닭이 몽땅 처리해 주거든. 처치 곤란한 찬밥, 시들시들한 채소, 과일 껍질도 OK!

**다섯째** **정원의 해충이 사라져.** 정원에 피해를 줄 수 있는 벌레나 곤충을 잡아먹기 때문에 해충을 없애려고 약을 칠 필요가 없어. 천연 해충제라고 할까?

**여섯째** **반려동물 초보자도 쉽게 기를 수 있어.** 단, 병아리일 때에는 신경을 많이 써 줘야 해. 그렇지 않으면 죽는 경우가 많아. 온도를 따뜻하게 해 주고, 몸이 젖지 않도록 주의해야 해. 혹시 병아리 때부터 키우는 게 자신 없다면 중병아리를 데려와 길러 봐. 닭도 개나 고양이처럼 입양할 수 있으니까 관심 있으면 동물 보호소에 가 보는 것을 추천해.

# 반려동물을 식구로 맞이하는 방법, 뭐가 좋을까?

우리는 가족
반려동물과 함께 살기

반려동물을 키우고 싶을 때 동물을 어디에서, 어떻게 구할까요? 크게 '분양'과 '입양'의 방법이 있어요. 분양은 반려동물을 판매하는 매장에서 돈을 주고 사는 방법이에요. 분양되는 동물은 대부분 판매를 목적으로 농장에서 공장식으로 생산되고 있는데, 환경이 열악한 곳이 많아 문제가 되고 있어요. 또 생명을 돈으로 사고판다는 점에서도 부정적인 의견이 많아요.

그래서 요즘은 '분양하지 말고 입양하자'는 의견들이 많아요. 반려동물 입양은 우리가 자식을 입양해 가족으로 맞이하는 것처럼 동물을 식구로 맞이하는 것을 말해요. 유기견 센터에서 주인을 잃은 강아지를 데려온다든가, 다리를 다친 채 길에서 헤매는 길고양이를 데려와 키우는 게 바로 입양이에요. 분양을 받든 입양을 하든 그건 반려동물을 키우고 싶은 사람의 선택이에요. 어느 선택을 하든 중요한 것은 동물의 마지막 순간까지 책임감 있게 보살피는 것이랍니다.

온순한 녹색 공룡
# 그린이구아나

전 세계 사람들이
파충류 중에서
가장 많이 키우는
반려동물이 뭘까?

바로 나, 그린이구아나야. 무섭고 징그럽게 생겼다고? 쳇, 그건 날 몰라서 하는 말씀! 내가 은근 소문난 매력덩어리거든.

자, 다시 한번 잘 봐. 공룡을 닮은 얼굴과 초록빛 몸통, 등의 척추선을 따라 뾰족뾰족하게 돋아 있는 가시, 기~다란 꼬리. 정말 독특하지? 이런 나를 보고 사람들은 '녹색 공룡'이라는 별명으로 불러. 내가 커다란 눈으로 빤히 쳐다보며 고개를 갸웃거리면 귀엽다고 소리 지를걸.

성격은 온순한 편이야. 나를 덥석 잡아 들어 올리는 행동만 하지 않으면 절대 공격하지 않아. 폭신폭신한 바닥을 좋아하고, 미지근한 물에 몸을 담그는 걸 즐겨. 습도에 민감해서 가끔 분무기로 물을 뿌려 주면 완전 신나! 호기심도 많고 지능도 꽤 높아. 시력이 좋아서 색깔과 모양을 구분할 수도 있어. 그래서 나한테 먹이를 주는 사람이 누구인지, 같이 사는 가족이 누구인지 다 알아볼 수 있어. 자라면서 주기적으로 허물을 벗는 탈피를 하지만, 털이 날리지 않으니까 털 알레르기가 있어도 날 키우는 데 문제없단다.

나는 가끔 움직이지도 않고 가만히 있을 때가 있어. 아파서 그런 거냐고? 아니야. 파충류는 스스로 체온을 조절하는 능력이 없어서 바깥 온도에 따라 체온이 변하는 변온 동물이야. 가끔씩 이렇게 햇볕을 쬐며 체온을 높여 줘야 해. 너와 함께할 반려동물에 대해 공부해 두는 것, 가족이 해야 할 첫 번째 숙제겠지?

수컷에게는 목주름이 있어. 천적이 나타날 때 목을 들어 올려 몸을 크게 보이기도 하고, 짝짓기 할 때 암컷에게 강한 인상을 준단다.

## 체크, 체크, 이것만은 꼭!

이구아나를 키우기 전에 반드시 생각해야 할 점이 있어. 우선 파충류를 무서워하거나 싫어하는 가족이 있는지 알아봐야 해. 누군가의 즐거움이 누구한테는 괴로움이 될 수 있으니까. 또 이구아나 새끼는 손바닥에 올려놓을 수 있을 만큼 몸집이 작아 귀엽지만, 1~2년이 지나면 꼬리 길이를 포함해 어른 키만큼 커져. 성장 속도가 매우 빠르고 꽤 크다는 걸 꼭 기억해.

고양이를 키우고 있어도 곤란해. 고양이는 그린 이구아나의 몸이 커도 공격을 하거든. 이구아나가 머물 넓은 집도 있어야 하고, 신선한 먹이를 챙겨 주는 일도 쉽지 않으니 신중하게 고민, 또 고민해서 결정해야 해.

어릴 때 몸 색깔은 밝고 환한 초록색이지만 자라면서 황갈색으로 변해.

빙그레 미소 짓는 꼬마 공룡
# 레오파드게코도마뱀

도마뱀은 무조건 무섭고 징그럽다고? 종류가 얼마나 많은데. 그중에서 가장 작고 귀여운 도마뱀은?

누구긴 누구야. 나, 레오파드게코도마뱀이지. 난 집에서 반려동물로 키우기에 딱 알맞은 생김새와 성격을 지녔어. 무엇보다도 최고의 장점은 온순한 성격이야. 내 피부가 레오파드(표범) 무늬와 비슷해서 표범처럼 사나울 것 같지만 정반대야. 발톱을 내밀어 공격하거나 물지 않으니 안심해.

게코 도마뱀은 우리말로 하면 도마뱀붙이야. 도마뱀붙이는 도마뱀 중에서 가장 작은 무리를 뜻해. 나를 한번 봐. 크기가 상당히 작지? 다 자라도 손바닥 안에 들어올 정도로 몸이 작아서 전혀 거부감이 없어. 내 귀엽고 깜찍한 얼굴을 보면 징그럽다는 생각이 싹 사라질 거야. 아기 공룡이 웃고 있는 것 같지 않니?

난 털도 날리지 않아서 털 알레르기가 심한 가족이 있어도 염려 없어. 내 집 안에서 지내니까 공간도 많이 차지하지 않아. 참, 미리 고백하는데 내가 좀 무뚝뚝해. 내 이름을 아무리 열심히 불러도 다가가거나 애교를 부리지 않아. 시력은 발달했지만 귀는 퇴화해서 소리가 거의 들리지 않거든. 내가 안 쳐다본다고 서운해하지 마!

## 레오파드게코도마뱀 체크, 체크!

늘 적당한 습도와 온도를 유지해야 해. 도마뱀은 축축하고 따뜻한 걸 좋아하기 때문이야. 집 안이 건조해지면 분무기로 물을 뿌려 주면 돼. 먹이는 귀뚜라미나 애벌레 등을 준비하면 되고, 칼슘을 꼭 챙겨 줘.

또 한 가지, 주의해야 할 점이 있어. 여러 마리의 수컷을 함께 기르면 안 좋아. 수컷끼리 있으면 매일 영역 다툼을 벌이거든. 한집에 한두 마리만 키우는 게 적당해.

도마뱀은 위험한 상황이 되면 꼬리를 자르고 도망가. 꼬리가 어떻게 잘리는지 보겠다고 꼬리를 잡아당기거나 흔들면 안 되는 거 알지? 잘려 나간 꼬리는 다시 자라기는 하지만, 도마뱀에게는 엄청난 스트레스니까. 스트레스를 받으면 먹이를 아예 먹지 않기도 해. 그러면 영양분이 저장되는 꼬리가 바짝 말라 버려. 레오파드게코도마뱀이 늘 통통한 꼬리를 자랑하도록 적당히 무관심한 것도 필요하겠지?

## 껍질 벗는다고 놀라지 마!

레오파드게코도마뱀뿐만이 아니라 많은 파충류가 때가 되면 허물을 벗는 '탈피'를 해. 이로써 몸을 조금씩 키워 나가지. 이러한 특성 때문에 도마뱀의 집에는 몸을 숨길 장소가 꼭 있어야 해. 알을 낳거나 탈피를 할 때 들어갈 공간 말이야. 레오파드게코도마뱀은 평균 4주에 한 번 정도 허물을 벗어. 벗은 껍질은 스스로 먹어 치우니까 일부러 청소해 줄 필요는 없어.

## 파충류를 키운다면, 이것만은 기억해!

파충류를 키울 땐 다른 반려동물보다 주의해야 할 점이 많아.

첫째, 파충류가 지닌 야생성이야. 얌전한 것 같다가도 갑자기 물거나 할퀴며 공격하기도 해. 크기가 클수록 이빨이나 발톱이 날카로워서 공격을 당하면 크게 다칠 수 있으니 주의해야 해.

둘째, 많은 파충류가 '살모넬라'라는 세균을 가지고 있다는 거야. 살모넬라균에 감염되면 복통, 구토, 설사 등의 증상을 보여. 노약자나 임산부, 어린아이는 일반인보다 면역력이 약해서 더 잘 걸려. 그러니 가능하면 파충류를 만지지 않도록 하고, 만졌다면 바로 따뜻한 물에 비누 거품을 내서 손을 깨끗이 씻어야 해.

셋째, 키우려는 파충류에 대해 공부해야 한다는 거야. 파충류가 어떤 환경에서 살고, 다 자랐을 때 크기가 어느 정도인지 등의 정보를 알아야 건강하게 키울 수 있어.

넷째, 가족의 동의가 필요해. 파충류를 무서워하고 꺼리는 사람들이 많거든. 나만 좋다고 키우는 건 함께 사는 가족에게 괴로움이 될 수도 있다는 걸 잊지 마.

# 반려동물등록제란 무엇일까?

우리는 가족 반려동물과 함께 살기

반려동물등록제란 태어난 지 2개월 이상 된 반려견의 보호자가 전국 시, 군, 구청이나 등록 대행 기관(동물 병원, 동물 보호 단체 등)에 동물등록을 해야 하는 제도예요. 개를 잃어버렸을 경우 등록된 정보로 쉽게 찾을 수 있게 하고, 키우던 개를 함부로 버리지 못하게 보호자에게 책임감을 주려고 만들어졌어요. 반려견을 등록하는 방법은 두 가지가 있어요. ① 등록 정보가 저장된 마이크로 칩을 몸속에 넣기, ② 마이크로 칩을 넣은 목걸이를 목에 걸어 주기예요. 예전에는 반려견과 보호자의 정보를 담은 인식표를 목에 거는 방법도 있었으나 분실되는 경우가 많아

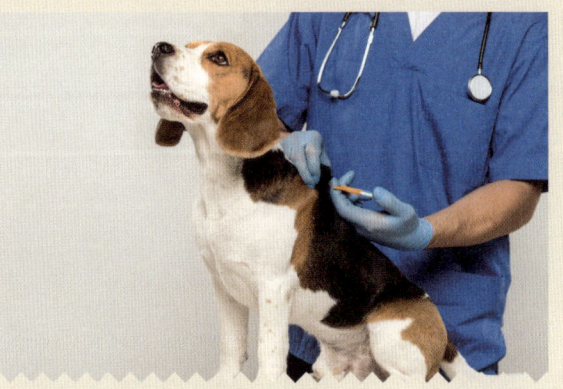

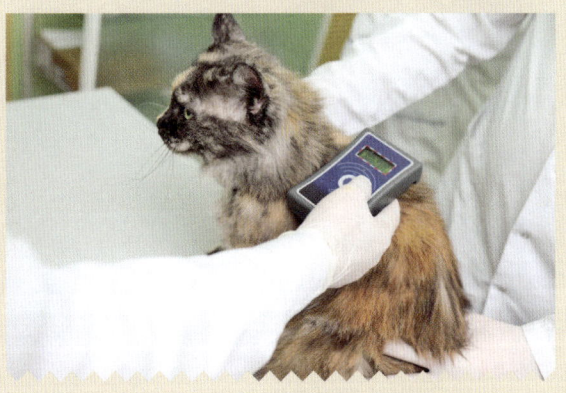

폐지되었어요. 이렇게 반려견을 등록하면 등록번호와 보호자의 연락처 등이 담긴 '동물등록증'이 나온답니다. 동물등록증은 사람으로 치면 주민등록증과 같아요.

이 제도는 2014년 1월 1일부터 시행되기 시작했어요. 만약 이를 어기는 경우엔 100만 원 이하의 과태료를 내야 한답니다. 지금은 반려견만 의무 등록 대상이지만, 앞으로 모든 반려동물에게 등록제를 실시할 예정이라고 해요. 반려 고양이는 지역에 따라 시범 등록제를 실시하고 있답니다.

## '뀨잉뀨잉' 감정을 주고받는
# 기니피그

내 이름은 기니피그야.
'꼬마 돼지'라는 뜻이지.
그런데 돼지보다
햄스터나 토끼를 더 닮았다고?

맞아. 북실북실한 털에 둥글둥글한 몸통에 다리도 짧아서 덩치 큰 햄스터나 토끼로 오해하는 사람들이 많아. 내가 기니피그인지 햄스터인지 헷갈릴 땐 꼬리를 살펴봐. 햄스터는 꼬리가 있지만 난 꼬리가 퇴화돼서 눈에 보이지 않아.

나는 반려동물을 키우려는 사람들에게 폭발적인 관심을 받고 있어. 둥글둥글 귀엽고 사랑스러운 생김새 때문이지. 하지만 그보다는 몸매만큼이나 둥글둥글, 순한 성격 때문이야. 얌전해서 사람과 쉽게 친해지고, 스트레스를 받아도 웬만해선 물지 않거든. 어린아이들이 있는 집에서 키워도 위험하지가 않아. 훈련만 시키면 똥오줌을 잘 가리는 것도 장점이지.

나는 원래 무리 지어 사는 동물이라 여러 마리를 함께 키워도 잘 지내. 대신 혼자 키우면 외로움을 많이 타서 우울증에 걸리기도 해. 스위스에서는 기니피그를 한 마리만 키우는 걸 법으로 금지시킬 정도야. 반드시 두 마리 이상 키워야 한대.

나를 키우다 보면 '꾸잉꾸잉' 하는 특이한 울음소리를 자주 듣게 될 거야. 혹시 내가 아프거나 괴로워서 우는 소리가 아닌가 해서 놀라지 마. 이 소리는 기니피그들끼리 감정을 주고받으며 대화하는 거니까.

## 이것만은 꼭 기억해!

기니피그를 키울 땐 몇 가지 주의할 점이 있어. 이빨이 계속 자라기 때문에 이갈이를 할 수 있는 단단한 채소를 줘야 해. 추위에 약하니까 온도 조절도 해 줘야 해. 또 기니피그는 식성이 워낙 좋아서 달라는 대로 먹이를 주면 살찌기 쉬워. 살이 찌면 자연히 건강이 나빠지니까 음식 조절도 해 주고 운동도 자주 시켜 주면 좋겠지?
참, 이 점도 잊지 마. 기니피그는 1년 내내 새끼를 낳을 수 있는 데다가, 한 번에 네 마리까지도 낳아. 그러니 새끼를 더 키울 생각이 없다면 아예 처음부터 성별이 같은 기니피그를 키우는 게 좋아.

## 페루에서는 음식으로 먹는다고?

반려동물로 사랑받는 기니피그가 페루에서는 맛있는 요리의 재료로 쓰인다는 걸 알고 있니? 페루에서는 기니피그로 만든 '꾸이'라는 음식을 즐겨 먹어. 기니피그가 '꾸이 꾸이' 소리를 내며 울어서 붙인 이름이지. 꾸이는 무려 5,000년의 역사를 지닌 전통 음식으로, 높은 지대에 사는 페루 사람들에게 단백질을 공급해 주는 역할을 하고 있단다.

호기심 많은 장난꾸러기
# 페럿

페럿

강아지처럼 귀엽고 친근하면서, 소리 내어 울지 않는 반려동물이 있으면 좋겠다고?

여기 있어. 바로 나 페럿! 동그란 머리에 짤막한 코, 까만 콩 같은 두 눈이 꽤나 귀엽지 않니? 기다란 몸통을 유연하게 움직이며 돌아다니는 모습은 어떻고. 난 야생 족제비를 길들여 개량한 동물이라 족제비와 많이 닮았어. 사람을 잘 따르고 같이 노는 걸 좋아해. 애교도 얼마나 많은데. 시끄럽게 울지 않아서 아파트 같은 공동 주택에서 키우기도 좋고. 사람을 공격하지는 않지만 무는 습성이 있으니 조심해야 해.

난 하루에 열다섯 시간이나 잠을 자는 잠꾸러기야. 하지만 깨어 있을 때는 잠깐도 가만히 있지 않고 사방팔방 돌아다니는 장난꾸러기지. 혹시 내가 눈에 띄지 않거든 침대나 가구 아래 같은 어둡고 구석진 곳이나 구멍을 찾아봐. 아주 비좁은 곳에 내가 시치미 떼고 누워 있을 수 있으니까. 집에 있는 구멍은 막아 놓는 게 안전하겠지?

워낙 활동적인 성격이다 보니 집에 넣어 키우면 스트레스를 많이 받아. 집을 이빨로 물어뜯느라 송곳니가 빠지기도 해. 그래서 여러 마리를 함께 키워 친구를 만들어 주면 좋아. 난 훈련을 시키면 똥오줌도 가리고, 지저분한 걸 보면 빨리 치우라고 눈치도 주는 깔끔쟁이야. 목욕도 좋아하는 편이라 목욕시키기도 수월하지. 평균 수명도 7~10년이니까 그리 짧지 않은 시간을 함께할 수 있어.

딱 하나, 단점이 있어. 항문에 있는 냄새 주머니 '취선'에서 스컹크처럼 고약한 냄새가 나는 액체를 뿜어내거든. 얼마나 고약한지는 직접 맡아 보지 않으면 상상도 못 해. 날 키우려면 취선 제거 수술은 필수야. 이 단점만 없앤다면 나와의 생활은 정말 신나고 즐거울 거야.

# 외래 동물을 반려동물로 키우면 어떤 문제가 생길까?

우리는 가족 — 반려동물과 함께 살기

미어캣, 라쿤, 사향쥐 등 다른 나라에서 들여온 동물을 외래 동물이라고 해요. 최근 외래 동물을 반려동물로 키우는 사람들이 늘어나면서 여러 가지 문제가 생기고 있어요.

외래 동물에 대한 습성과 환경을 정확히 파악하지 않은 채 단지 호기심만으로 데려왔다가 키우기 어렵다고 버리는 경우가 많거든요. 실제로 우리나라에서 발견되는 대부분의 외래 동물이 반려동물로 들여왔다가 버려진 동물이라고 해요. 이렇게 버려진 외래 동물은 우리나라의 자연 생태계에 안 좋은 영향을 끼쳐요. 또 새로운 질병을 일으키는 원인이 되기도 한답니다. 예를 들어 볼게요. 한때 붉은귀거북이 애완용으로 인기가 높아 많이 수입되었어요. 그러나 붉은귀거북을 키우던 사람들이 하나둘 아무 데나 버리면서 문제가 생겼어요. 붉은귀거북이 하천에 사는 붕어나 미꾸라지 등을 모조리 잡아먹는 바람에 생태계를 망가뜨렸거든요. 결국 붉은귀거북은 수입이 중지되고 말았어요. 만약 외래 동물을 키운다면 이러한 환경 문제까지 고민해 보고 끝까지 책임질 각오를 해야 해요.

화려하고 아름다운 열대어
## 거피

물고기를
키워 보고 싶은데
자신이 없다고?
그럼 나 거피를 추천해.

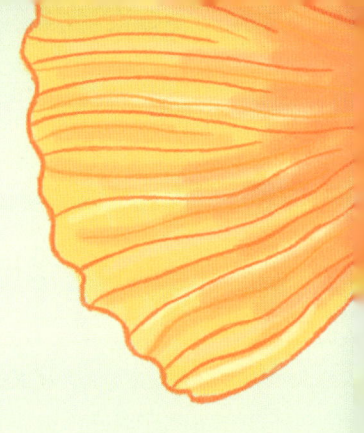

내 모습을 봐. 화려한 색감과 아름답고 다양한 지느러미 모양에 눈을 뗄 수 없을 거야. 물고기를 키워 본 경험이 전혀 없는 초보자도 건강하게 키울 수 있어. 새끼손톱보다도 작은 어린 거피들이 아름답고 건강하게 성장하는 모습을 지켜보지 않겠니?

거피라는 이름도 독특하지? 1850년에 나를 발견한 영국의 식물학자 '레크미어 거피'의 이름을 따서 거피로 불리게 되었어. 난 종류에 따라 각기 다른 이름을 가지고 있는데, 아마 모든 이름을 다 알고 있는 사람은 없을 거야. 몸통, 지느러미 등의 무늬나 색깔, 크기에 따라 무려 2,000여 종이나 되고, 계속해서 새로운 종이 생겨나고 있거든. 난 몸길이가 3~6cm 정도로 아주 작지만 다른 물고기에 비해 튼튼하고 활동적이야. 수명도 2~5년이니 그리 짧지 않고. 수질에도 그리 민감하지 않아서 집에서 키우는 반려어로 아주 인기가 많아. 성격도 순하단다.

## 거피는 새끼를 몰라본대요!

거피는 몸집은 작지만 번식력이 뛰어나. 한 달에 한 번꼴로 수십 마리의 새끼를 낳거든. 알을 낳는 게 아니냐고? 거피는 배 속에서 알을 부화시킨 뒤에 새끼를 낳아. 이 새끼를 '치어'라고 해.

거피가 임신을 해서 출산하기 전에 절대 잊지 말고 할 일이 있어. 거피의 배가 불러 출산일이 다가오면 다른 수조에 옮겨서 새끼를 낳도록 해야 해. 거피가 새끼를 낳으면 다른 거피들이 먹이로 오해하고 잡아먹거든. 성격이 포악해서가 아니라 새끼인 줄 몰라서 그래.

출산일이 언제인지는 어떻게 알 수 있을까? 거피가 임신을 하면 배 아래에 검은 반점이 생기고, 배 속의 알이 커지면서 전체적으로 진한 검은빛을 띠게 돼. 그리고 배 모양이 사각형으로 변해. 바로 이때 다른 수조로 옮겨서 낳게 하면 새끼들을 지킬 수 있어.

## 거피, 이렇게 키워요!

### 먹이는 조금씩 천천히!
먹이는 한 번에 많은 양을 주기보다는 하루 두세 번 조금씩 나눠 주는 게 좋아. 예쁘다고 식구들마다 사료 한 줌씩 주다 보면 생명이 위험해질 수도 있어. 수조나 어항에 뿌릴 때에도 한꺼번에 말고 조금씩 천천히!

### 물 온도를 체크해~
수조의 물은 늘 25~28도 정도로 유지해야 해. 또 한두 달에 한 번씩 물의 일부를 갈아 주고, 6개월에 한 번쯤은 물 전체를 갈아 줘. 물을 갈 때 잊지 말아야 할 점은 원래 수조에 있던 물과 새로 붓는 물의 온도가 차이 나지 않게 해야 해.

### 병든 거피는 따로
수시로 거피의 움직임을 살펴보고 병든 물고기가 보이면 건강한 물고기와 떨어뜨려 놓는 것도 잊지 마. 움직임이 둔하거나 바닥에 몸을 비비거나 산소가 나오는 수면에 몰려 있으면 몸이 아프다는 신호야.

## 느릿느릿 꼬물꼬물
# 달팽이

집 한 채를 짊어지고 두 쌍의 더듬이를 더듬더듬, 느릿느릿 기어가는 동물이 뭘까?

정답은 나, 달팽이야.

움직임은 느릿느릿하지만 무럭무럭 잘 자라. 수명도 4~5년이나 되고, 조용하고 키우기 쉬워서 인기가 폭발 중인 반려동물이지. 사실 나는 사람과 교감을 주고받지는 못해. 달팽이를 키우는 사람들은 달팽이가 성장하는 걸 조용히 지켜보는 걸로 만족하지. 너희도 느릿한 나를 키우며 '눈'으로 보는 기쁨과 평온함을 느껴 봐. 등에 짊어진 집은 태어날 때부터 몸에 지니고 있어. 몸에 뼈가 없어서 보호하는 역할을 하지. 위험한 일이 생기면 집 안으로 쏙 들어가 피한단다.

난 발이 없어서 배로 기어 다녀. 지나가는 자리마다 끈적끈적한 점액이 묻는데, 이것 역시 몸을 보호하는 거야. 몸에서 분비되는 점액 때문에 날카로운 칼 위를 지나가도 상처 하나 남지 않는다니까.

먹성도 아주 좋아. 당근이나 오이 같은 채소도 잘 먹고, 과일도 좋아하고, 고구마나 옥수수도 없어서 못 먹을 정도야. 여기에 가끔 영양식으로 달걀 껍데기를 가루로 만들어 주면 껍질이 단단해져. 달걀 껍데기에 칼슘이 풍부하잖아. 특히 알을 낳고 난 뒤에는 껍질에 구멍이 뚫릴 정도로 약해지니까 꼭 달걀 껍데기 가루를 줘. 음식물 쓰레기가 줄어든다고 엄마도 반기실 거야.

날 키울 때는 온도와 습도만 신경 쓰면 돼. 온도는 약 25도로, 습도는 70~80%가 적당해. 집 바닥에 코코넛 껍질을 가공해서 만든 흙을 깔아 주는데, 이 흙이 마르면 축축할 정도로 물을 뿌려 주면 OK!

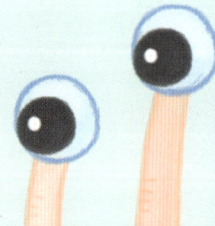

## 빨주노초파남보 달팽이 똥

먹이를 먹고 난 달팽이의 똥을 보고 너무 놀라지 마. 붉은색이나 초록색 등 갖가지 색깔의 똥을 누거든. 어떻게 그럴 수가 있냐고? 달팽이는 쓸개가 없어서 색소를 분해하지 못하기 때문이야. 당근을 먹으면 주황색으로, 상추를 먹으면 초록색으로 먹이의 색소가 그대로 똥으로 나와.

## 알을 100개나 낳는다고?

달팽이는 암수한몸인 동물이지만 두 마리가 짝짓기를 해서 알을 낳아. 번식력이 무척 강해서 한 번에 100~400개나 되는 알을 낳지. 솔직히 집에서 이 많은 알을 부화시켜 키우는 건 무리야. 다른 사람에게 분양하기도 어렵고, 자연에 버리면 생태계에 혼란을 줄 수도 있어. 그러니 집에서 키울 때는 한 마리만 키우는 걸 추천해.

초보자도 문제없는
# 장수풍뎅이

반려동물을
키우고는 싶은데
관리가 어려울 것 같아
망설인다고?
그럼 반려 곤충은 어때?

혼자 잘 지내고, 조용하고, 키우기 쉽고, 관리도 편하고, 비용도 적게 들고, 교육 효과까지 있는 친구가 있어. 바로 반려 곤충 중에서 가장 인기가 많은 나, 장수풍뎅이야.

나는 정말 관리가 쉬워. 날아다닐 수 있으니까 뚜껑 달린 집에 톱밥을 깔아 주고, 타고 놀 수 있는 나무토막 두어 개만 넣어 주면 돼. 먹이도 판매하는 젤리를 주면 끝!

주의할 게 있지만 그것도 어렵지 않아. 야행성이니까 직사광선만 피해 주면 돼. 직사광선을 받으면 눈이 하얗게 변해서 앞을 못 보거든. 또 톱밥이 마르면 분무기로 물을 뿌려 주고, 먹이 젤리가 떨어지면 갈아 주면 돼. 몸이 뒤집히면 혼자 못 일어나니까 바로 뒤집어 줘.

그런데 나를 반려 곤충으로 결정했다면 애벌레를 키울지 어른벌레를 키울지 선택해야 해. 난 애벌레 상태로 거의 1년 정도 있다가 어른벌레가 되어 3~4개월 살다가 죽어. 애벌레를 키운다면 커 가는 과정을 볼 수 있고, 어른벌레를 키운다면 알을 낳고 애벌레에서 어른벌레가 되는 과정을 관찰할 수 있지. 자, 이제 날 만날 준비 되었니?

# 장수풍뎅이야, 어디 있니?

장수풍뎅이를 처음 키우면 아마 이것 때문에 깜짝 놀랄 거야. 며칠씩이나 눈에 띄지 않아 찾아보면, 흙 속에 들어가 나오지 않아서 혹시 죽은 게 아닌가 하고 말이야. 하지만 걱정할 것 없어. 장수풍뎅이는 야행성이라 낮에는 땅속에서 지내고 밤이 되어야 땅 위로 올라와 활동하거든. 특히 암컷은 주로 흙 속에서 생활하고, 알도 흙 속에서 낳아. 밤에 몰래 나와서 놀기도 하고, 먹이도 먹으니까 눈에 띄지 않는다고 너무 걱정하지 마.

날아다니는 작은 요정
# 슈거글라이더

독특한 반려동물을
기르고 싶니?
그렇다면 나,
슈거글라이더를 추천해.

나는 하늘다람쥐와 많이 닮았지만 전혀 다른 동물이야. 오히려 캥거루나 코알라에 가까워. 캥거루처럼 배에 새끼를 넣고 키우는 아기주머니가 있거든. 내가 사람들에게 관심을 받는 이유는 귀여운 외모로 날기 때문이야. 막을 활짝 펴고 높은 곳에서 낮은 곳으로 날아가는 내 모습을 보면 누구라도 반하고 말걸? 게다가 지능이 높고 애교가 많아서 사람을 잘 따르는 편이지. 이름에 '슈거(sugar)'가 붙은 걸 보면 짐작하겠지만, 난 설탕처럼 달콤한 걸 좋아해. 낮에는 자고 밤이 되어야 활발하게 움직여.

나를 키우고 싶다면 많이 고민해야 할 거야. 관리하기에 어려운 점이 많거든. 일단 내가 잘 숨고 날아다니니까 넓고 높은 집을 준비해야 해. 혼자 키우는 것도 반대야. 친구를 사귀고 노는 걸 좋아해서 혼자 있으면 우울증에 걸리기 쉬워. 이마와 배에 있는 취선을 통해 영역을 표시하는 습성이 있어서 냄새도 심해. 내가 먹고 자는 공간을 자주 치워 줘야 해. 추위에 약하니까 따뜻하게 해 줘야 하고 습도도 잘 맞춰 줘야 하고. 슈거글라이더 전용 사료를 구하기도 어렵고, 아플 때 찾아갈 전문 병원이 드문 것도 문제가 될 수 있지.

그래도 내 매력에 푹 빠져 꼭 키우고 싶다면 부모님과 신중히 상의하고 결정해. 평균 수명은 9~12년이지만 잘 관리해 주면 14년까지도 함께 살 수 있어.

# 반려동물 관련 직업이 있다고?

**우리는 가족 — 반려동물과 함께 살기**

우리나라에서 반려동물을 기르는 사람이 1000만 명에 달한다고 해요. 이와 함께 반려동물 산업이 커지면서 관련 직업이 다양하게 생겨나고 있어요. 유망 직업으로 떠오르고 있는 반려동물 관련 직업에는 어떤 것들이 있을까요?

**반려동물 행동교정사**
반려동물이 사람을 공격하거나 보호자와 떨어졌을 때 분리불안 증세를 보이는 경우가 있어요. 이때 원인을 파악해서 문제 행동을 바로잡는 일을 해요.

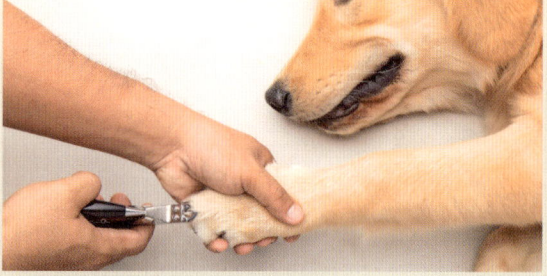

**반려동물 미용사**
개나 고양이 등 반려동물의 털을 깎아 주고 목욕, 발톱 정리 등 청결에 관한 서비스를 해요.

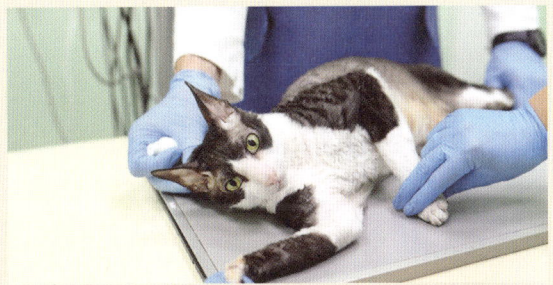

### 반려동물 돌보미
반려동물을 돌봐 줄 사람이 없을 때, 보호자가 요청하는 시간 동안 돌봐 주는 일을 해요. 먹이를 주고 똥오줌을 치워 주는 것은 물론이고, 산책이나 놀이 등을 함께 하며 보호해 줘요.

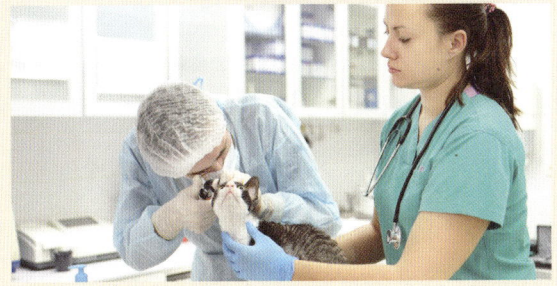

### 수의사
동물의 병을 예방하고, 진단하며 치료하는 일을 해요. 연구소에서 동물의 병을 치료하는 약물을 개발하거나 동물에 대한 각종 연구를 하기도 해요.

### 수의테크니션
동물 병원이나 동물을 치료하는 현장에서 수의사의 진료를 보조하고, 수의사가 처방한 약물과 처치를 실시해요. 또 아픈 동물을 간호하며 동물의 검사 기록도 관리해요. 외국에서는 '동물 간호사'라고도 합니다.

### 반려견 훈련사
반려견과 보호자가 함께 사는 데 어려움이 없도록 반려견을 훈련시키는 일을 해요. 개의 심리와 습성을 파악해서 구조, 탐지, 안내 등의 특수한 일을 수행할 수 있도록 특별한 훈련을 시키기도 합니다.

### 반려 용품점 운영자
반려동물을 기를 때 필요한 사료, 배변 패드, 집 등 다양한 반려 용품을 파는 일을 해요.

### 반려동물 장례지도사
반려동물이 죽었을 때 합법적인 절차에 따라 장례를 치러 주고, 납골당에 안치해 줘요. 또 반려동물을 잃은 보호자 가족이 슬픔을 이겨 내도록 위로해 줍니다.

## 우리는 가족 — 반려동물과 함께 살기

# 희귀 반려동물, 멸종위기종일지도 몰라!

반려동물을 키우는 사람들이 많아지면서 희귀한 반려동물이 속속 등장하고 있어요. 북극여우, 사막여우, 비단원숭이, 우파루파, 카파바라 등 동물원에서나 볼 수 있던 동물들이 집에서 키워지고 있지요.

그런데 이거 알고 있나요? 희귀 반려동물, 이색 반려동물이라고 불리는 동물들 상당수가 세계 멸종위기종으로 분류된 동물들이라는 사실을요. 야생에서 번식하며 종을 유지하도록 보호해 줘야 할 동물을 돈을 주고 거래해서 개인이 키우는 건 불법이랍니다. 희귀 동물이나 이색 동물을 키울 땐 반드시 그 동물이 멸종위기종이 아닌지, 반려동물로 키우도록 허가되었는지 꼭! 알아봐야 해요. 이것이 지구에서 함께 살아가는 생명체에 대한 최소한의 예의가 아닐까요?

아, 어떻게 알 수 있냐고요? 멸종위기종인지 아닌지 알 수 있는 사이트가 있어요. 세계자연보전연맹(IUCN)에서는 멸종위기동물의 위기 등급을 9등급으로 분류해서 '세계자연보전연맹 적색 목록'으로 정리하고 있어요. http//www.iucnredlist.org에서 확인할 수 있으니, 지구촌 곳곳의 멸종위기종에는 어떤 것이 있는지 관심을 가지고 살펴봐요.

# 요렇게 색칠해 봐요!

### 사진 자료

www.shutterstock.com

* 이 책에 쓰인 자료는 정해진 절차에 따라 저작권자의 허락을 받아 사용했습니다.
* 이 책은 저작권법에 따라 보호받는 저작물이므로 무단전재와 무단복제를 금합니다. 이 책의 전부 또는 일부를 이용하려면 반드시 저작권자와 파란자전거의 동의를 받아야 합니다.